Género Biografía

I0794543

Pregunta esencial
¿Cómo podemos trabajar juntos para mejorar nuestras vidas?

Un gran maestro

Marisa Cattani
ilustrado por Francisca Márquez

Capítulo 1

Sus orígenes

Las Vigas es un pueblito de montaña en Veracruz, México. Es una región húmeda y tranquila. Su principal actividad es la producción de café. También se cosecha maíz y azúcar.

Esta es una imagen de Rafael Ramírez Castañeda.

Allí nació Rafael Ramírez Castañeda en 1885. Sus padres tenían ocho hijos. Era una familia muy humilde. El padre era tejedor y apenas podía mantenerla.

Detective del lenguaje	¿Qué clase de adjetivo es la palabra subrayada?

La infancia de Rafael no fue fácil. Pero él nunca dejó de ir a la escuela.

De niño, Rafael tenía un único par de zapatos. Solo los usaba en la escuela. Como no quería gastarlos, los llevaba colgados al hombro.

Capítulo 2

Sus años de juventud

Rafael estudió en su pueblo hasta cuarto de primaria. Luego se mudó a Xapala donde terminó la primaria. Allí también se formó como maestro. Fueron cinco años de mucho estudio y esfuerzos.

Rafael fue a la escuela primaria en Las Vigas.

Detective del lenguaje Identifica un adjetivo numeral y uno ordinal en esta página.

Más tarde, decidió aceptar una oferta de trabajo en la Ciudad de México. Allí trabajó como maestro. Pero a Rafael le preocupaba la escuela **rural**. Para él, la falta de escuelas en el campo era una emergencia. Logró explicar sus ideas a los gobernantes. Ellos lo apoyaron en su **proyecto**.

Rafael trabajó para mejorar la educación en el campo.

Rafael se puso a trabajar cuanto antes. En 1923, viajó por todo el país. Quería abrir escuelas en lugares alejados. Así conoció las dificultades que tenían las comunidades indígenas. Rafael decidió ayudar a estas comunidades a través de la escuela.

Capítulo 3

Un nuevo sistema escolar

Rafael participó en el desarrollo de un nuevo sistema escolar. Se llamó Escuela Rural Mexicana. Estas escuelas eran diferentes. Además de las materias básicas para los niños, se enseñaban varios oficios a los adultos.

Sus ideas ayudaron a mejorar la educación.

Para que las nuevas escuelas funcionaran bien, Rafael contó con la ayuda de muchas personas. También tuvo el apoyo del gobierno. Poco a poco, pudo abrir escuelas rurales en todo el país.

Rafael Ramírez Castañeda murió en la Ciudad de México el 29 de mayo de 1959. Diez años después, se le hizo un **homenaje** en Las Vigas.

Hoy es recordado en todo el país por sus **nobles** ideas y su trabajo por la educación.

En México hay varios monumentos en su honor.

Respuesta a la lectura

Volver a contar

Vuelve a contar la biografía con tus propias palabras.

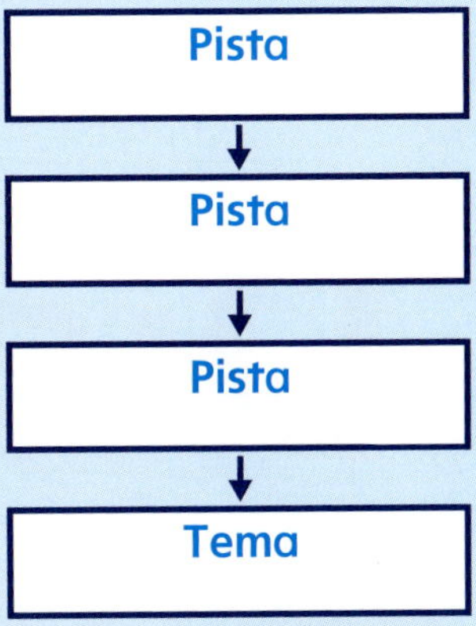

Evidencia en el texto

1. ¿Por qué Rafael quería mejorar la educación rural? ¿Cómo lo hizo? Tema
2. ¿Cuál es el tema del texto? Tema
3. ¿Cómo sabes que *Un gran maestro* es una biografía? Género

Género No ficción

Compara los textos

Lee más sobre los maestros.

Día del maestro

Exactostock/SuperStock

Una tarjeta es una buena manera de decir "gracias". Además, puedes hacerla tú mismo.

Los maestros son queridos y respetados en todo el mundo. Ellos nos ayudan sin exigir nada a cambio. Por eso el Día del maestro es especial. Es el día para darles las gracias a nuestros maestros. ¿Cómo celebran este día en tu escuela?

¿Cuándo es el Día del maestro?

El 5 de octubre es el Día Mundial de los Maestros. Pero en Turquía se celebra el 24 de noviembre. En Brasil lo festejan el 15 de octubre. En Argentina, el 11 de septiembre. ¡La fecha cambia en cada país!

Haz conexiones

¿En qué se parecen estas escuelas a las escuelas que abrió Rafael en México?

El texto y otros textos

Glosario

homenaje acto que se celebra en honor de una persona ***(página 10)***

noble digno de admiración y respeto ***(página 10)***

proyecto plan que se sigue para hacer algo ***(página 6)***

rural que está en el campo o tiene relación con él ***(página 6)***

Índice

Enfoque:

Estudios Sociales

Propósito Conocer mejor a los miembros de la comunidad escolar

Paso a paso

Paso 1 Piensa en las personas que trabajan en la escuela.

Paso 2 Haz una tabla como esta.

Nombre	Puesto

Paso 3 Completa la tabla con los nombres de dos trabajadores de la escuela y describe lo que hacen y cómo te ayudan. Compara tu tabla con las de tus compañeros.